Inhaltsverzeichnis

BVK DE70 · Sonja Schneider / Katja Zigan: Aufsatzprofi – Texte planen, schreiben und bewerten Bd. 2

Vorwort und Vorbemerkungen

Liebe Kolleginnen und Kollegen,

ein wesentlicher Bestandteil des Deutschunterrichts in Klasse 3 und 4 ist das Verfassen von verschiedenen Textformen. Häufig herrscht die Meinung vor, dass das Schreiben, Korrigieren und Bewerten von Aufsätzen ein unliebsames und zeitaufwändiges Unterfangen ist. Zudem besteht oftmals Unsicherheit dahingehend, die Aufsätze für Kinder und Eltern gerecht, transparent sowie verständlich zu bewerten.

Aufgrund dessen haben wir für die häufigsten Textformen Regeln, Checklisten für die Hand der Kinder und Bewertungsbögen entwickelt und zusammengestellt, die die verschiedenen Bereiche des schriftlichen Sprachhandelns berücksichtigen.
Dabei ist uns besonders wichtig, die Kinder gründlich auf das Verfassen der jeweiligen Texte vorzubereiten und ihnen mit Hilfe von Lernwörtern, Regeln und Checklisten Sicherheit beim planvollen Schreiben zu geben. Die Bewertungsbögen für die Lehrkraft bieten einen umfangreichen Kriterienkatalog, mit Hilfe dessen eine gerechte, transparente und zeitsparende Beurteilung möglich ist. Zusätzliche Textfelder schaffen die Möglichkeit, individuelle Bemerkungen für die einzelnen Kinder zu verfassen.

Bei der Notenfindung ist zu bedenken, dass nicht alle Kriterien gleichwertig zu berücksichtigen sind, sondern beispielsweise davon abhängen, wie gründlich diese im Unterricht geübt wurden oder wo der Schwerpunkt der jeweiligen Unterrichtsreihe liegt. Grundsätzlich ist zu beachten, dass der Inhalt bei der Bewertung des Textes stärker gewichtet wird als Sprache und Form. Die Rechtschreibung sollte separat bewertet werden. Aufgrund dessen gibt es auf dem Bewertungsbogen zwei Notenfelder (Text und Rechtschreibung). Für die Ermittlung der Rechtschreibnote wird die Anzahl der geschriebenen Wörter bestimmt und anhand der Rechtschreib- und Zeichenfehler der Fehlerquotient bestimmt. Hierzu gibt es an vielen Schulen individuelle Bewertungsschlüssel. Sollte dies nicht der Fall sein, gibt es einen Bewertungsschlüssel von Beate Leßmann (siehe *www.beate-lessmann.de*).

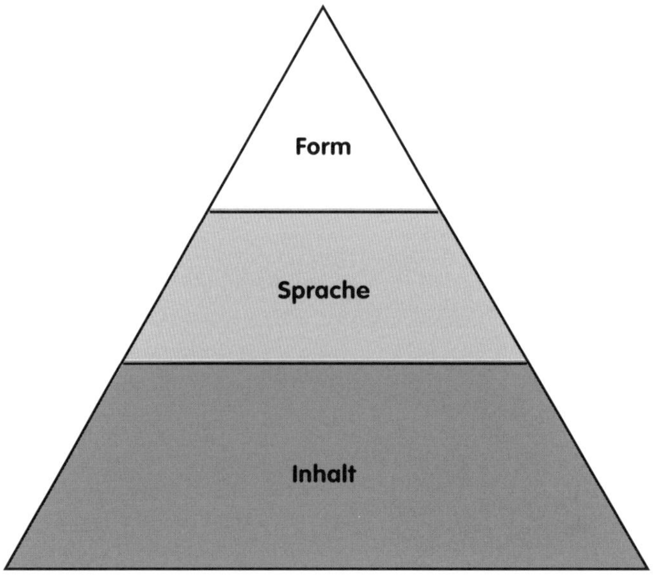

Durch die Überarbeitung kann sich die Note verändern. Werden alle Überarbeitungskriterien umgesetzt, kann sich die Endnote um bis zu eine Notenstufe verbessern. Werden einige Kriterien umgesetzt, ist eine Verbesserung um eine halbe Notenstufe möglich. Sollten die Überarbeitungstipps nicht beachtet werden, bleibt die Note gleich. Kommen weitere Fehler, inhaltliche Abweichungen oder Auslassungen vor, besteht die Möglichkeit, die Note nach unten zu korrigieren.

Sinnvoll wäre es, den Kindern die Kriteriengewichtung transparent zu machen. Dadurch verlieren rechtschreibschwache Kinder die Angst davor, eigene Texte zu verfassen.

Wir haben die einzelnen Themen einheitlich aufgebaut, um den Kindern Struktur und Sicherheit beim Verfassen der einzelnen Textformen zu geben. Hinzu kommen zu jedem Kapitel Lernwörter mit dazugehörigen Übungsformen. In den Lernwörtertabellen befinden sich leere Zeilen zur individuellen Ergänzung weiterer Lernwörter.

Aufbau der einzelnen Kapitel:

1. Ideen und Impulse
   - Ablauf der Reihe
   - Ergänzende Vorschläge
2. Lernwörter zur jeweiligen Textform
3. Übungen zu den Lernwörtern
4. Regeln für das Schreiben der jeweiligen Textform
5. Checkliste für die Hand der Kinder mit Kontrollfragen
6. Bewertungsbogen für die Hand der Lehrperson, jeweils vor und nach der Überarbeitung des Textes

Vorab haben wir allgemeine Schreibtipps (s. S. 4) und hilfreiche Satzanfänge (s. S. 5) zusammengestellt, die für fiktive Texte von Bedeutung sind. Darum bietet es sich an, beides als Klassenplakat gut sichtbar im Klassenraum anzubringen. Auf diese allgemeinen Schreibtipps wird in jedem Kapitel bei den Regeln und Checklisten verwiesen.
Die jeweiligen Regeln sollten ebenfalls vergrößert im Raum ausgehängt werden, damit die Kinder während ihrer Textproduktion darauf zurückgreifen können.

Wir wünschen Ihnen viel Spaß und Erfolg mit unseren Materialien und hoffen, dass wir Ihnen damit die Arbeit ein wenig erleichtern können.

Sonja Schneider und Katja Zigan

Allgemeine Schreibtipps

1. Schreibe ordentlich und in einer gut lesbaren Handschrift.

2. Schreibe verständliche Sätze.

3. Benutze verschiedene Satzanfänge.

4. Verwende treffende Wörter.

Der ~~liebe~~ Löwe fängt die ~~große~~ Maus.
hungrige kleine

5. Achte auf die Reihenfolge.

6. Beachte die Rechtschreibung und die Satzzeichen.

BVK DE70 · Sonja Schneider / Katja Zigan: Aufsatzprofi – Texte planen, schreiben und bewerten Bd. 2

Satzanfänge für Geschichten

- Am Anfang …
- Dann …

- Danach …
- Jetzt …
- Nun …
- Plötzlich …
- Auf einmal …
- Bald …
- Später …
- Da …
- Nach einer Weile …
- Am Ende …
- Schließlich …

BVK DE70 · Sonja Schneider / Katja Zigan: Aufsatzprofi – Texte planen, schreiben unc bewerten Bd. 2

So schreibe ich eine Nacherzählung: Fabeln

Ideen und Impulse

Ablauf der Reihe:

1. Anhand einer Folie werden die Bilder zur Fabel „Der Löwe und die Maus" beschrieben und geordnet. Die Kinder erhalten im weiteren Schritt die Bilder und entsprechende Satzstreifen. Diese sollen zugeordnet und ins Heft geklebt werden (s. S. 10).

2. Mit dem Arbeitsblatt „Was ist eine Fabel?" (S. 11) erhalten die Kinder eine Definition des Begriffs „Fabel". Im weiteren Verlauf überprüfen die Kinder die Merkmale einer Fabel anhand der Fabel „Der Rabe und der Fuchs" (s. S. 11 / 12).

3. Auf einer Folie werden zwei Bilder der Fabel „Der Fuchs und der Kranich" gezeigt. Die Fabel wird vorgelesen und von den Kindern nacherzählt (s. S. 13).
   Kriterien einer Nacherzählung werden gemeinsam besprochen (s. S. 14).
   Letztendlich wird eine Nacherzählung zu dieser Fabel geschrieben.

4. Die Kinder lesen sich gegenseitig die Nacherzählungen vor und geben sich Tipps mit Hilfe der Kontrollfragen (s. S. 14). Die Lehrkraft kontrolliert mit Hilfe des Bewertungsbogens (s. S. 15 / 16).

5. Alternativ kann die Fabel „Der Fuchs und der Kranich" auch als Klassenarbeit genutzt werden. Weiterhin bieten sich folgende Fabeln an: „Der Hase und der Igel" (nach den Brüdern Grimm), „Die Frösche in der Milch" (nach Äsop), „Die Taube und die Ameise" (nach Jean de La Fontaine).

Ergänzende Vorschläge:

- Thematisierung der wörtlichen Rede / Adjektive
- Wortfeldarbeit „sagen"
- Übungen zur Zeitform Präteritum

Name: ______________________ Datum: ______________

Lernwörter zu einer Fabel

Nomen	**Verben**	**Adjektive**	**sonstige Wörter**
die Fabel	fressen	durstig	sehr
der Fuchs	verschonen	leer	
die Falle	zappeln	schwer	
der Vogel	brüllen		
die Idee	werfen		
das Wasser			

Übungen zu den Lernwörtern „Fabel" (1)

Reimpaare

Schreibe die passenden Reimwörter auf.

essen – stinken – Kralle – Laus – messen – Kabel – Meer – schärfen – Schnalle – nerven – Schnabel – Luchs – Heer – Haus – winken – Mucks

fressen – ______________________
____

Falle – ______________________
____

leer – ______________________
____

Fabel – ______________________
____

werfen – ______________________
____

Maus – ______________________
____

Fuchs – ______________________
____

trinken – ______________________
____

☆ Finde weitere Reimwörter.
Tipp: Das Wörterbuch kann dir helfen.

BVK DE70 · Sonja Schneider / Katja Zigan: Aufsatzprofi – Texte planen, schreiben und bewerten Bd. 2

Name: ____________________ Datum: ____________________

Übungen zu den Lernwörtern „Fabel" (2)

Wörterschlange

1. Trenne die Wörter mit einem roten Strich.
2. Unterstreiche die Wörter, die man großschreiben muss.
3. Schreibe den Text richtig ab.

Derklugevogel

Einvogelwolltewasserauseinemglastrinken. Erwarsehrdurstig.
Aberdasglaswarhochundfastleer. Sokonnteernichtandaswasser
gelangen. Erkonntedasglasauchnichtumwerfen, weileszuschwer
war. Dahatteereineguteidee. Erwarfvielesteineindasglas, damit
daswasserstieg. Sokonntedervogeldaswassertrinkenundseinen
durststillen.

BVK DE70 · Sonja Schneider / Katja Zigan: Aufsatzprofi – Texte planen, schreiben und bewerten Bd. 2

Name: ____________________ Datum: ____________

Übungen zu den Lernwörtern „Fabel" (3)

Schleichdiktat

Einige Kopien des Diktattextes werden an verschiedenen Stellen im Klassenraum aufgehängt. Die Kinder schleichen nun von ihrem Platz aus zu einem Text und merken sich ein Wort oder mehrere Wörter. Anschließend schleichen sie zu ihrem Platz zurück und schreiben die gemerkten Wörter in ihr Heft. Das wiederholen die Kinder so lange, bis sie den gesamten Text in ihr Heft geschrieben haben.

Die Krähe und die Maus

Eine Krähe saß am Rande eines Mauselochs
und sagte: „Maus, komm heraus!"
„Du willst mich doch nur fressen", entgegnete die Maus.
„Keineswegs", sagte die Krähe.
Und die Maus kroch heraus.
„Pick! Pick!", machte die Krähe.
„Hatte ich es mir doch gleich gedacht.
Traue keinem Stärkeren!", erwiderte die Maus.

(unbekannter Verfasser)

BVK DE70 · Sonja Schneider / Katja Zigan: Aufsatzprofi – Texte planen, schreiben und bewerten Bd. 2

Name: ______________________ Datum: ______________

Der Löwe und die Maus (nach Äsop)

Eine unvorsichtige, kleine Maus geriet in die Pranken eines Löwen.
Sofort wollte er sie fressen.
„Lieber Löwe, König der Tiere, verschone mich", bat die Maus zitternd.
Der Löwe fragte: „Warum sollte ich dich verschonen?"

„Ich bin doch nur ein kleiner Happen", antwortete die Maus. „Außerdem kann ich dir vielleicht auch eines Tages einen Gefallen tun, wenn du mich leben lässt."

Der Löwe lachte: „Du kleines Mäuschen glaubst, du kannst mir einmal nützlich sein?"
„Wer weiß, wer weiß", piepste die Maus.
„Ich glaube zwar nicht, dass du mir einmal helfen kannst", lächelte der Löwe, „trotzdem will ich dich noch einmal freilassen." Dann ließ er sie frei.

Bald darauf jedoch geriet der Löwe in ein Fangnetz, das Jäger ihm gestellt hatten. So sehr er sich auch bemühte, es gelang ihm nicht, sich zu befreien.

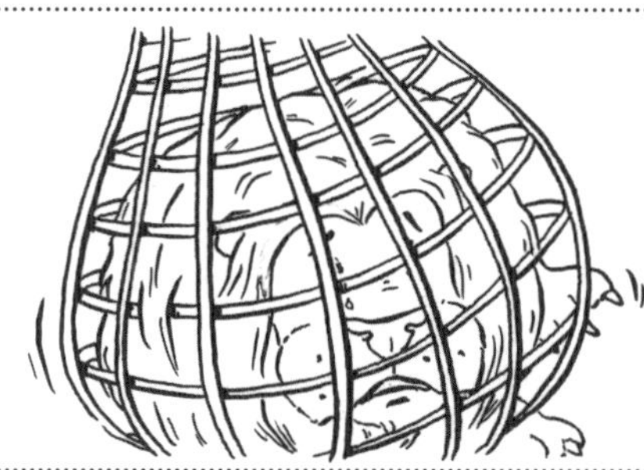

Außer sich vor Wut, brüllte er so laut, dass auch die Maus in ihrem Loch es hörte. Schnell kam sie herbei und zernagte die Fesseln, bis der Löwe wieder frei war.

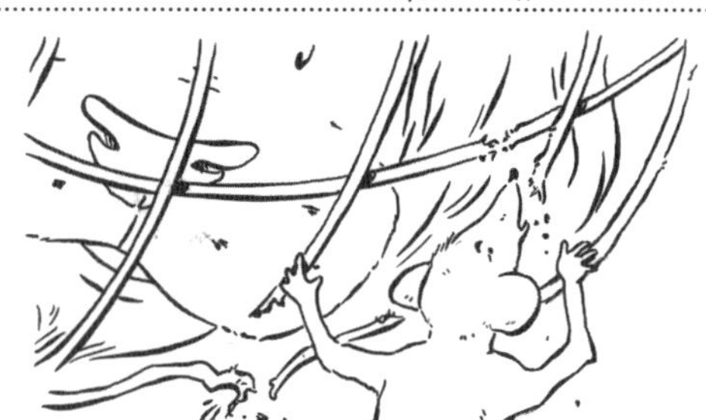

„Danke", sagte der Löwe.
Daraufhin fiepte die Maus: „Manchmal kann selbst eine kleine, schwache Maus einem großen, starken Löwen helfen."

BVK DE70 · Sonja Schneider / Katja Zigan: Aufsatzprofi – Texte planen, schreiben und bewerten Bd. 2

Name: ________________________________ Datum: ________________

Was ist eine Fabel?

Eine Fabel ist eine Art Märchen.
Die Tiere stellen Menschen dar und können **sprechen.**
Die Fabel kann in **vier** Abschnitte gegliedert werden:

1. **Situation** (Was passiert?)
2. **Aktion** (Wie geht er – z. B. der Fuchs – vor?)
3. **Reaktion** (Wie reagiert der andere, z. B. der Rabe?)
4. **Ergebnis** (Wie geht es aus?)

Die Fabel enthält eine **Lehre** (z. B. Der Klügere gibt nach.), die man im wirklichen Leben anwenden kann.

Der Rabe und der Fuchs

Ein Rabe hatte einen Käse gestohlen und setzte sich damit auf einen hohen Baum, um ihn zu verspeisen. Dies bemerkte ein Fuchs, lief hinzu und sprach:

„Oh Rabe, was bist du für ein schöner Vogel! Deine Federn glänzen im Sonnenschein und deine Gestalt ist wie die des Adlers. Ist deine Stimme auch so schön, so sollte man dich zum König krönen über alle Vögel der Welt."

Den Raben kitzelte das Lob des Fuchses und er fing an zu krächzen. Als er aber den Schnabel auftat, fiel ihm der Käse aus dem Schnabel.

Der Fuchs sprang hinzu, schnappte den Käse auf, verschlang ihn und lachte den törichten Raben aus.

(nach Martin Luther)

BVK DE70 · Sonja Schneider / Katja Zigan: Aufsatzprofi – Texte planen, schreiben und bewerten Bd. 2

Name: ______________________ Datum: ______________

Fabel: Der Rabe und der Fuchs

Fragen:

1. Was passiert in der Fabel?

____

____

2. Wie geht der Fuchs vor?

____

____

3. Wie reagiert der Rabe?

____

____

4. Wie geht die Fabel aus?

____

____

5. Können die Tiere sprechen?

____

____

6. Was ist die Lehre?

____

____

____

____

Name: ____________________ Datum: ____________

Der Fuchs und der Kranich (nach Äsop)

Ein Fuchs hatte einen Kranich zu Gast und setzte ihm die köstlichsten Dinge vor. Die Speisen lagen aber nur auf einem ganz flachen Teller, von dem der Kranich mit seinem langen Schnabel nichts fressen konnte.

Gierig fraß der Fuchs alles allein, obgleich er den Kranich unaufhörlich bat, er solle es sich schmecken lassen.

Der Kranich fand sich betrogen, blieb aber freundlich. Er lobte die Bewirtung über alle Maßen und bat seinen Freund, am anderen Tag mit ihm zu essen. Der Fuchs mochte wohl ahnen, dass der Kranich sich rächen wollte, und wies die Einladung ab. Der Kranich aber ließ nicht nach, bis der Fuchs dann endlich einwilligte.

Als er nun am anderen Tag zum Kranich kam, fand er alle möglichen Leckerbissen aufgetischt. Sie waren aber in Flaschen abgefüllt. „Folge meinem Beispiel", rief ihm der Kranich zu, „und fühle dich so, als wenn du zu Hause wärest." Der Kranich schlürfte nun mit seinem Schnabel alles allein auf, während der Fuchs zu seinem größten Ärger nur etwas riechen und von außen ablecken konnte.

Hungrig stand er vom Tisch auf und gestand, dass der Kranich ihm eine ordentliche Lektion für seinen Hochmut gestraft hatte, wie er es verdiente.

BVK DE70 · Sonja Schneider / Katja Zigan: Aufsatzprofi – Texte planen, schreiben und bewerten Bd. 2

Name: ______________________________ Datum: ______________

Regeln für deine Nacherzählung: Fabeln

Achte darauf:

- Erfinde nichts dazu.
- Eine **persönliche Meinung,** wie man die Fabel findet, gehört nicht in eine Nacherzählung.
- Achte auf die Schreibtipps!

Checkliste für deine Nacherzählung: Fabel

Kontrollfragen:

	ja	teilweise	nein
Hast du die **gleiche Überschrift** verwendet?			
Hast du einen **Einleitungssatz** geschrieben, der beschreibt, worum es geht? (Wer? Wann? Wo?) („In dieser Geschichte geht es um …" oder „Die Geschichte handelt von …")			
Hast du nur das **Wichtigste** aufgeschrieben?			
Hast du **nichts dazuerfunden?**			
Hast du die **richtige Reihenfolge** eingehalten?			
Hast du in der **Vergangenheitsform (Präteritum)** berichtet?			
Hast du klar **verständliche Sätze** geschrieben?			
Hast du **treffende Wörter** benutzt?			
Hast du auf die Schreibtipps geachtet?			

Schreibkonferenz:

1. Suche dir ein oder zwei Kinder, denen du deine nacherzählte Fabel vorliest.
2. Überlegt und füllt gemeinsam die Kontrollfragen aus.
3. Überarbeite deine Nacherzählung, indem du fehlende Punkte hinzufügst.

BVK DE70 · Sonja Schneider / Katja Zigan: Aufsatzprofi – Texte planen, schreiben und bewerten Bd. 2

Bewertung der Nacherzählung von: ______________________

(vor der Überarbeitung)

Inhalt

Du hast die **gleiche Überschrift** verwendet.				
Du hast einen **Einleitungssatz** geschrieben, der beschreibt, worum es geht. (Wer? Wann? Wo?) („In dieser Geschichte geht es um ..." oder „Die Geschichte handelt von ...")				
Du hast nur das **Wichtigste** aufgeschrieben.				
Du hast **nichts dazuerfunden.**				
Du hast die **richtige Reihenfolge** eingehalten.				

Sprache

Du hast in der **Vergangenheitsform (Präteritum)** berichtet.				
Du hast klar **verständliche Sätze** geschrieben.				
Du hast **abwechslungsreiche Satzanfänge** benutzt. (Zuerst ..., Später ..., Danach ..., In diesem Moment ..., Zum Schluss ...)				
Du hast **treffende Wörter** verwendet.				

Form / Rechtschreibung

Du hast die **Regeln** für eine Nacherzählung beachtet.				
Du hast **keine Rechtschreibfehler** gemacht.				
Du hast den Text **gut lesbar** in einer **schönen Handschrift** aufgeschrieben.				
Du hast die **Lernwörter** richtig geschrieben.				
Du hast alle **Satzanfänge großgeschrieben.**				
Du hast nach jedem Satz ein **Satzzeichen** gesetzt.				

Bemerkung:

BVK DE70 · Sonja Schneider / Katja Zigan: Aufsatzprofi – Texte planen, schreiben und bewerten Bd. 2

Bewertung der Nacherzählung von: ____________________

(nach der Überarbeitung)

Inhalt

Du hast die **gleiche Überschrift** verwendet.				
Du hast einen **Einleitungssatz** geschrieben, der beschreibt, worum es geht. (Wer? Wann? Wo?) („In dieser Geschichte geht es um …" oder „Die Geschichte handelt von …")				
Du hast nur das **Wichtigste** aufgeschrieben.				
Du hast **nichts dazuerfunden.**				
Du hast die **richtige Reihenfolge** eingehalten.				

Sprache

Du hast in der **Vergangenheitsform (Präteritum)** berichtet.				
Du hast klar **verständliche Sätze** geschrieben.				
Du hast **abwechslungsreiche Satzanfänge** benutzt. (Zuerst …, Später …, Danach …, In diesem Moment …, Zum Schluss …)				
Du hast **treffende Wörter** verwendet.				

Form / Rechtschreibung

Du hast die **Regeln** für eine Nacherzählung beachtet.				
Du hast **keine Rechtschreibfehler** gemacht.				
Du hast den Text **gut lesbar** in einer **schönen Handschrift** aufgeschrieben.				
Du hast die **Lernwörter** richtig geschrieben.				
Du hast alle **Satzanfänge großgeschrieben.**				
Du hast nach jedem Satz ein **Satzzeichen** gesetzt.				

Überarbeitung

Du hast die **Tipps** gut genutzt.				

Tipps für deinen nächsten Text:

Note Text: ____________________

Du hast __________ Wörter von __________ Wörtern richtig geschrieben.

Note Rechtschreibung: ____________________ Datum, Unterschrift: ____________________

Unterschrift der Eltern: ____________________

BVK DE70 · Sonja Schneider / Katja Zigan: Aufsatzprofi – Texte planen, schreiben und bewerten Bd. 2

So schreibe ich ein eigenes Märchen (1)

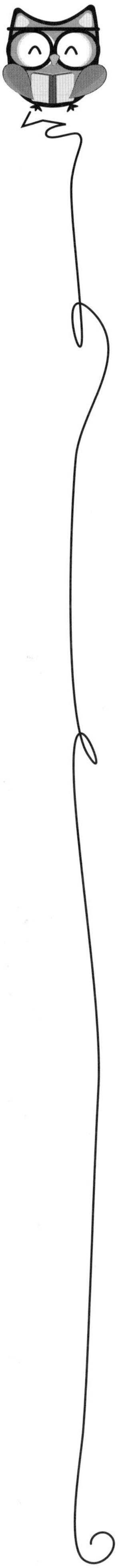

Ideen und Impulse

Ablauf der Reihe:

1. Märchen-Brainstorming mit Hilfe einer „Placemat" (Methode des kooperativen Lernens, s. S. 21):
   Eine Gruppe mit vier Kindern findet sich zusammen. Jedes Kind erhält ein äußeres Feld. In Einzelarbeit schreiben die Kinder auf, welches Märchen sie kennen und welche Personen in Märchen eine Rolle spielen.
   In einer Gruppenarbeit schreiben die Kinder nun in das mittlere Feld alle Märchen, die sie gleich haben, auf. Sie tauschen sich darüber aus.
   Schließlich stellen die Kinder ihre gemeinsamen Ergebnisse vor.

2. Vorlesen des Märchens „Schneewittchen" – Märchenmerkmale
   In einem Kreis wird den Kindern zum Beispiel das Märchen „Schneewittchen" vorgelesen. Dabei sollen die Kinder ihr Augenmerk auf das Besondere eines Märchens im Vergleich zu Geschichten legen. In einem Gespräch werden Merkmale eines Märchens herausgearbeitet. Was fällt auf?

3. Märchen-Merkmale
   Anhand des Arbeitsblattes (evtl. auch Folie) „Märchen-Merkmale" (s. S. 22 – 24) werden die besonderen Merkmale eines Märchens gemeinsam verschriftlicht und vertieft.

4. Ablauf des eigenen Märchens
   Die Kinder sollen sich ein eigenes Märchen überlegen. Als Planungshilfe dient ihnen dazu das Arbeitsblatt „Der Ablauf eines Märchens" (s. S. 25 / 26). Ideen können sich die Kinder auch durch die „Märchenhaften Wortkarten" (s. S. 29 / 30) holen, die den Kindern laminiert in einer kleinen Kiste zur Verfügung stehen.

5. Bilder zum eigenen Märchen gestalten
   Die Kinder gestalten mit Hilfe des zuvor erarbeiteten Ablaufes Bilder zu ihrem eigenen Märchen. Diese können dann später zum Erzählen des eigenen Märchens benutzt werden. Dies kann parallel im Kunstunterricht durchgeführt werden.

6. Mein Märchen am „roten Faden"
   Zu ihrem Märchen und zu ihren Bildern gestalten die Kinder einen roten Erzählfaden. Nachdem sie stichwortartig den Inhalt ihres Märchens auf kleine Zettel geschrieben und die Zettel auf den Faden aufgefädelt haben, erzählen sie einem Partner das Märchen anhand ihres Erzählfadens.
   Im Stuhlkreis kann mit Hilfe der Bilder, des roten Fadens und / oder eines Kamishibais (japanisches Erzähltheater) das Märchen erzählt werden.

BVK DE70 · Sonja Schneider / Katja Zigan: Aufsatzprofi – Texte planen, schreiben und bewerten Bd. 2

So schreibe ich ein eigenes Märchen (2)

Falls die Kinder keine Ideen für ein eigenes Märchen haben, können sie auch ein bekanntes Märchen nacherzählen. Als weitere Differenzierung bieten sich Briefumschläge mit Wortkarten an. Aus diesen Wörtern sollen sinnvolle Märchensätze gebildet werden.

7. Schreiben des eigenen Märchens
   Mit Hilfe des „roten Fadens" und der Checkliste „Märchen" (s. S. 28) schreiben die Kinder ihr eigenes Märchen auf ein Schmuckblatt. Die Lehrkraft kontrolliert mit Hilfe des Bewertungsbogens „Märchen" (s. S. 31 / 32).

8. Märchenstunde
   Die Kinder genießen die vorgelesenen Märchen.

Ergänzende Vorschläge:

- Schreiben eines gemeinsamen Klassenmärchens
  Dabei wird z. B. ein alter Schlüssel als stummer Impuls in die Mitte gelegt.
  Gemeinsam wird ein Märchen, das hinter diesem Schlüssel stecken könnte, erarbeitet und aufgeschrieben.
- Wörtersammlung: Märchenhafte Wörter
- Thematisierung der wörtlichen Rede

Name: ______________________________ Datum: ____________________

Lernwörter zu einem Märchen

Nomen	**Verben**	**Adjektive**	**sonstige Wörter**
das Märchen	befreien	tief	heute
das Kind	fürchten	dunkel	
das Schwert	verschwinden	glücklich	
die Hexe	berühren	freundlich	
die Fee	auftauchen		
das Schloss			

Übungen zu den Lernwörtern „Märchen" (1)

Suchsel

Diese 14 Wörter sind im Suchsel versteckt. Kreise sie ein.

Achtung: Ä = AE, Ü = UE

Märchen – befreien – tief – Kind – fürchten – dunkel – Schwert – glücklich – Hexe – freundlich – Fee – auftauchen – heute – Schloss

A	U	F	T	A	U	C	H	E	N	X
Y	B	R	I	K	W	Z	E	Q	G	Z
S	E	E	E	P	Y	Q	X	Y	L	F
C	F	U	F	K	L	M	E	B	U	U
H	R	N	Z	I	G	A	C	S	E	E
W	E	D	U	N	K	E	L	C	C	R
E	I	L	H	D	Q	R	X	H	K	C
R	E	I	W	A	F	C	Z	L	L	H
T	N	C	K	Q	R	H	O	O	I	T
Q	V	H	E	U	T	E	L	S	C	E
F	E	E	Z	O	J	N	W	S	H	N

BVK DE70 · Sonja Schneider / Katja Zigan: Aufsatzprofi – Texte planen, schreiben und bewerten Bd. 2

Name: ______________________________ Datum: ________________

Übungen zu den Lernwörtern „Märchen" (2)

Lückentext

1. Lies das Märchen.
2. Trage das passende Wort in die richtige Lücke ein.

Dornröschen

Es war einmal ein Königspaar, die erwarteten ein

____________________ .

Doch als das Mädchen geboren war, sprach eine böse ____________________

einen Fluch über sie aus.

Sie sollte sich an ihrem 16. Geburtstag an einer Spindel stechen und tot umfallen.

Eine ____________________ Fee wandelte den Fluch jedoch ab in einen langen

Schlaf.

Das Königspaar ließ alle spitzen Gegenstände ____________________ .

Trotzdem stach sich die Prinzessin an ihrem 16. Geburtstag in den Finger.

Sie fiel um, aber sie war nicht tot, sondern schlief nur.

Das Königreich fiel ebenfalls in einen ____________________ Schlaf.

Das ____________________ wuchs mit Rosenbüschen zu. Eines Tages kam ein junger Prinz angeritten.

Er kämpfte sich mit seinem ____________________ durch die Dornen und fand das schöne Mädchen. Bezaubert von ihrer Schönheit beugte er sich über sie und küsste sie.

Da erwachte die Prinzessin und das ganze ____________________ mit ihr.

Alle waren ____________________ .

Der Prinz hielt um Dornröschens Hand an. Bald darauf feierten die beiden Hochzeit.

Und wenn sie nicht gestorben sind, dann leben sie noch ____________________ .

heute – Kind – Fee – verschwinden – freundliche – Schloss – tiefen – Königreich – Schwert – glücklich

BVK DE70 · Sonja Schneider / Katja Zigan: Aufsatzprofi – Texte planen, schreiben und bewerten Bd. 2

Name: ______________________________ Datum: ______________

Placemat

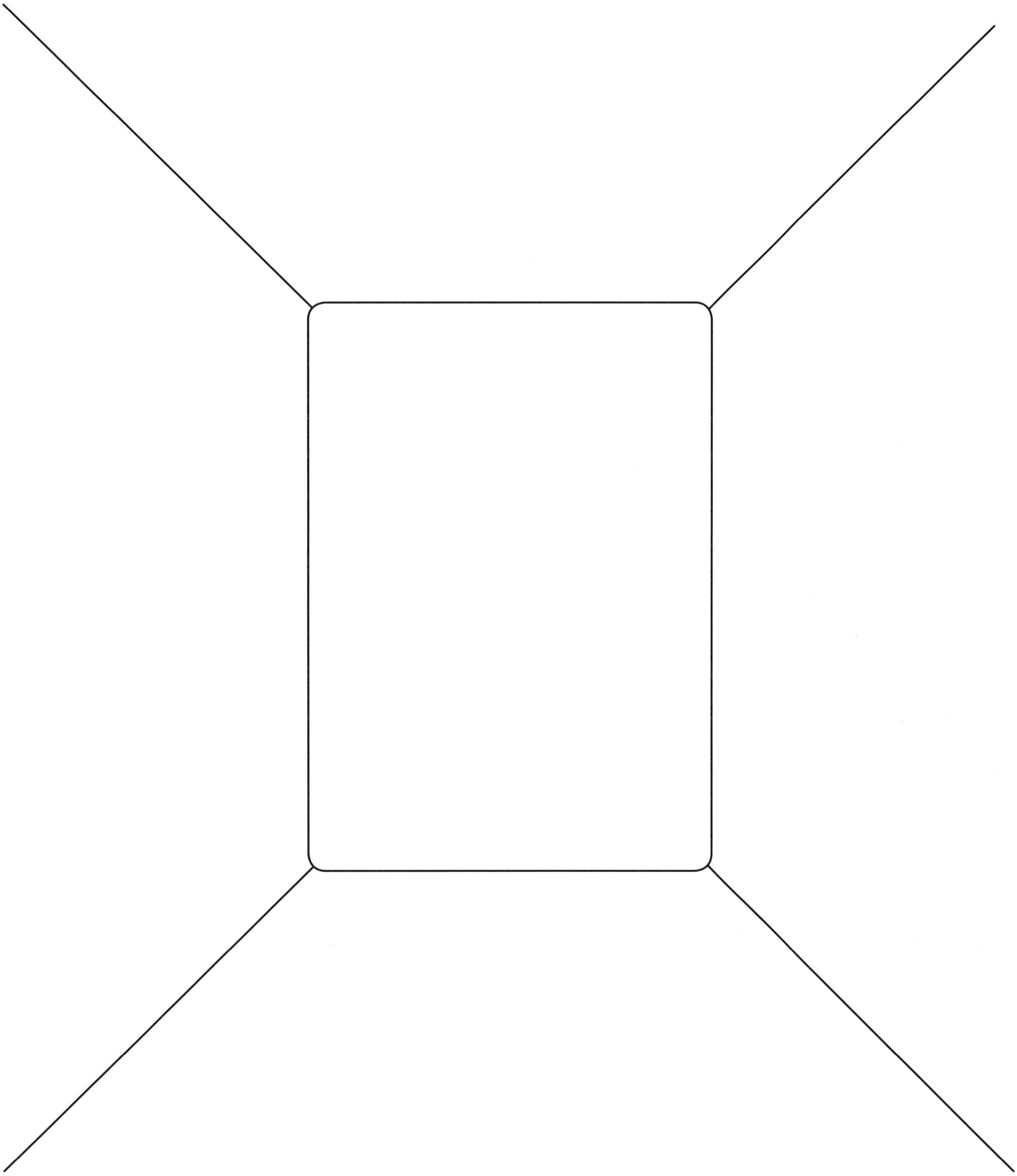

BVK DE70 · Sonja Schneider/Katja Zigan: Aufsatzprofi – Texte planen, schreiben und bewerten Bd. 2

Name: ____________________ Datum: ____________

Märchen-Merkmale: Woran erkennen wir Märchen? (1)

1. Märchen fangen oft mit dem gleichen Satz an.

Es war einmal ... – Vor langer, langer Zeit ...

2. In Märchen kommen „gute" Personen vor.

Die Hauptperson gehört normalerweise zu den Guten im Märchen. Sie kann folgende Eigenschaften haben:

liebenswert, nett, freundlich, süß, sympathisch, elegant, schön, verständig, geduldig, ehrlich, gutmütig, schlau, stark, mutig, treu, vertrauenswürdig, mitfühlend ...

Schreibe fünf „gute" Hauptpersonen aus bekannten Märchen auf. Schreibe zu jeder Person drei passende Adjektive, die beschreiben, wie sie ist.

____

____

____

____

____

3. In Märchen kommen „böse" Personen vor.

Der böse Gegenspieler ist die Person, die versucht, der Hauptperson zu schaden. Dabei ist dem Gegenspieler jedes Mittel recht. Die böse Person kann folgende Eigenschaften haben:

grausam, teuflisch, verrückt, erbarmungslos, mächtig, gemein, hinterlistig, hässlich, unsympathisch, rachsüchtig, verbittert, geizig, undurchschaubar, wütend, ungeduldig, bewaffnet, riesig, stur, verkleidet, alt, räuberisch, schlecht ...

Schreibe fünf „böse" Hauptpersonen aus bekannten Märchen auf. Schreibe zu jeder Figur drei passende Adjektive, die beschreiben, wie sie ist.

____

____

____

____

____

BVK DE70 · Sonja Schneider / Katja Zigan: Aufsatzprofi – Texte planen, schreiben und bewerten Bd. 2

Name: ______________________________ Datum: ________________

Märchen-Merkmale: Woran erkennen wir Märchen? (2)

4. In Märchen kommt der gute Held vor.

Diese Person ist sehr wichtig, denn sie hilft der Hauptperson, wenn sie sich in Schwierigkeiten befindet. Häufig muss der Held oder die Heldin verschiedene Aufgaben lösen. Sie hat ähnliche Eigenschaften wie die Hauptperson. Der Held oder die Heldin ist gut.

Nenne drei gute Helden aus bekannten Märchen. Schreibe zu jedem ein passendes Adjektiv.

____

____

____

5. Tiere können oft sprechen

Die Tiere in Märchen können häufig sprechen (Wolf, Esel, Geißlein, Rentier, Frosch, Kater …).

In welchen Märchen kommen folgende Tiere vor?

Frosch: ____

Wolf: ____

Geißlein: ____

6. In Märchen kommen oft magische Kräfte vor

Die magischen Figuren helfen den Guten, das Böse zu bezwingen:
Fee, Zwerge …

Die magischen Figuren können auch zu den Bösen gehören:
Hexe, Kobold, Zauberer …

Magische Gegenstände:
Spindel, Spiegel, Kugel …

Zaubersprüche:
Spieglein, Spieglein an der Wand …

Magische Zahlen:
13, 7, 100 …

BVK DE70 · Sonja Schneider / Katja Zigan: Aufsatzprofi – Texte planen, schreiben und bewerten Bd. 2

Name: ______________________ Datum: ______________

Märchen-Merkmale: Woran erkennen wir Märchen? (3)

Magische Orte und Wege:
Zauberschloss, verwunschenes Haus, Lebkuchenhaus ...

7. Die Hauptpersonen gehen oft weg (nicht immer freiwillig)

Die Mutter schickt Rotkäppchen zu ihrer Großmutter.
Dornröschen schläft 100 Jahre lang.
Die Eltern führen Hänsel und Gretel tief in den Wald und verlassen sie.
Schneewittchen wohnt hinter den Bergen bei den sieben Zwergen.

8. Die meisten Märchen enden gut

Das Gute besiegt das Böse. Das Böse wird oft bestraft oder getötet.
Rotkäppchen, Hänsel und Gretel ...
Manche Märchen enden mit einer Hochzeit.
Welche Märchen kennst du, bei denen am Ende eine Hochzeit gefeiert wird?

____

____

____

9. Märchen enden oft mit einem typischen Satz

Und wenn sie nicht gestorben sind, dann leben sie noch heute.
Und so lebten sie glücklich bis an ihr Lebensende.

BVK DE70 · Sonja Schneider / Katja Zigan: Aufsatzprofi – Texte planen, schreiben und bewerten Bd. 2

Name: ______________________ Datum: ______________

Der Ablauf eines Märchens (1)

1. Die Anfangssituation: Die Hauptperson

In der Einleitung werden alle wichtigen Informationen gegeben, um die Personen, die Orte und die Situation kennenzulernen.

Die Hauptperson:

____

Die anderen Personen:

____

____

Der Ort, wo die Geschichte spielt:

____

Was passiert zu Beginn?

____

____

____

2. Der Bösewicht

Der Bösewicht, der der Hauptperson schaden will, taucht auf.

Der Bösewicht:

____

Warum und wie fügt er der Hauptperson Schaden zu?

____

____

Wie wird versucht, das Unglück zu verhindern?

____

____

BVK DE70 · Sonja Schneider/ Katja Zigan: Aufsatzprofi – Texte planen, schreiben und bewerten Bd. 2

Name: ______________________ Datum: ______________

Der Ablauf eines Märchens (2)

3. Der Retter / Held taucht auf

Der Retter / Held:

____

So wird die Hauptperson gerettet:

____

____

Was passiert durch die Rettung?

____

____

4. Das glückliche Ende

Was passiert am Ende des Märchens?

____

____

____

____

BVK DE70 · Sonja Schneider / Katja Zigan: Aufsatzprofi – Texte planen, schreiben und bewerten Bd. 2

Name: ______________________ Datum: ____________

Regeln für dein Märchen

Achte darauf:

- Beginne mit einem **„Märchen-Satzanfang".**
  (Es war einmal …, Einst lebte …, Vor langer, langer Zeit …)

- Beschreibe in der **Einleitung** die Situation, den Ort und deine Hauptperson.
  Meist wird in der Einleitung ein Problem beschrieben, z. B.: Rotkäppchen muss durch den dunklen Wald. / Die Stiefmutter will das Stiefkind loswerden.

- Lasse im **Hauptteil** verschiedene Märchenfiguren auftreten:
  einen Bösewicht, magische Personen oder sprechende Tiere, märchenhafte Orte, Zahlen, Gegenstände …
  Im Hauptteil geht es spannend zu. In vielen Märchen muss die Hauptperson oder der Held schwierige Aufgaben bewältigen.
  Beschreibe das Problem und denke dir eine Lösung aus.

- Toll wäre es, wenn du einen **Zauberspruch** einbauen könntest.

- Erfinde ein **glückliches Ende.**
  Märchen gehen fast immer gut aus. Der Gute wird belohnt, der Böse bestraft.

- Schreibe einen **„Märchen-Schlusssatz".**
  (Und wenn sie nicht gestorben sind, dann leben sie noch heute. / Und so lebten sie glücklich bis an ihr Lebensende.)
  Der Schlusssatz wirkt beruhigend auf den Leser.

- Märchen werden in der **Vergangenheit (Präteritum)** geschrieben.

BVK DE70 · Sonja Schneider / Katja Zigan: Aufsatzprofi – Texte planen, schreiben unc bewerten Bd. 2

Name: ______________________ Datum: ______________

Checkliste für dein eigenes Märchen

Kontrollfragen:

	ja	teilweise	nein
Hast du eine **passende Überschrift** verwendet?			
Hast du einen **„Märchen-Satzanfang"** geschrieben? (Es war einmal …, Einst lebte …, Vor langer, langer Zeit …)			
Hast du die **Situation (Was passiert?),** den **Ort (Wo?)** und die **Hauptpersonen (Wer?)** beschrieben?			
Treten in deinem Märchen **verschiedene Märchenfiguren** auf? (Bösewicht, magische Personen, sprechende Tiere …)			
Hast du einen **Zauberspruch** verwendet?			
Hat dein Märchen ein **glückliches Ende?**			
Hast du einen **„Märchen-Schlusssatz"** geschrieben? (Und wenn sie nicht gestorben sind, dann leben sie noch heute. / Und so lebten sie glücklich bis an ihr Lebensende.)			
Hast du in der **Vergangenheitsform (Präteritum)** berichtet?			
Hast du **klar verständliche Sätze** geschrieben?			
Hast du **treffende, märchenhafte Wörter** benutzt?			
Hast du auf die Schreibtipps geachtet?			

Schreibkonferenz:

1. Suche dir ein oder zwei Kinder, denen du dein Märchen vorliest.
2. Überlegt und füllt gemeinsam die Kontrollfragen aus.
3. Überarbeite dein Märchen, indem du fehlende Punkte hinzufügst.

BVK DE70 · Sonja Schneider / Katja Zigan: Aufsatzprofi – Texte planen, schreiben und bewerten Bd. 2

Name: ______________________ Datum: ____________

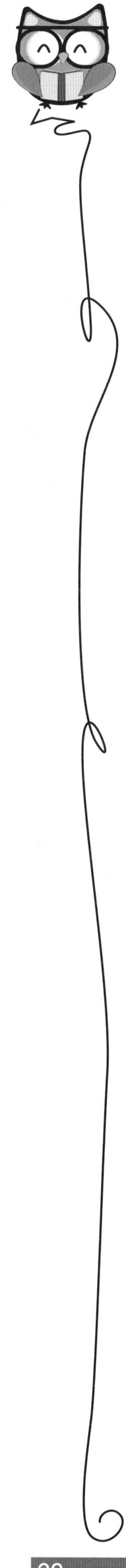

Märchenhafte Wortkarten (1)

Zauber	Schloss	verzaubern
Wolf	auffressen	Zwerge
Wald	verwandeln	Prinzessin / Prinz
Burg	verheiraten	Königin / König
Haus	Tiere, die sprechen	Höhle
überfallen	Fee	am See
Elfen	Mühle	Wünsche erfüllen

BVK DE70 · Sonja Schneider / Katja Zigan: Aufsatzprofi – Texte planen, schreiben und bewerten Bd. 2

Name: ______________________ Datum: ______________

Märchenhafte Wortkarten (2)

versprechen	Pferd / Einhorn	Stall
Riesen	in den Bergen	fliegen
Räuber / Diebe	Hof	ausrauben
Tauben	Turm / Turmzimmer	100-jähriger Schlaf
Eule	vergiften	Frosch / Kröte
beschützen	bedrohen	Geister / Gespenster
helfen	Drache	jemanden mögen

BVK DE70 · Sonja Schneider / Katja Zigan: Aufsatzprofi – Texte planen, schreiben und bewerten Bd. 2

Bewertung des eigenen Märchens von: ______________________

(vor der Überarbeitung)

Inhalt

Du hast eine **Überschrift** gefunden, die zu deinem Märchen passt und den Leser **neugierig** macht.				
Du hast die **typischen Märchenmerkmale** beachtet. (z. B.: Es war einmal …, gute und böse Hauptpersonen, sprechende Tiere, magische Kräfte, typischer Endsatz, glückliches Ende …)				
Du hast dein Märchen **verständlich und spannend** aufgeschrieben.				
Du hast über **die Gefühle und die Gedanken** der Hauptpersonen berichtet.				
Du hast **wörtliche Rede** verwendet.				

Sprache

Du hast in der **Vergangenheitsform** (Präteritum) berichtet.				
Du hast klar **verständliche Sätze** geschrieben.				
Du hast **abwechslungsreiche Satzanfänge** benutzt.				
Du hast **treffende und märchenhafte Wörter** verwendet.				

Form / Rechtschreibung

Du hast die **Regeln** für ein Märchen beachtet.				
Du hast **keine Rechtschreibfehler** gemacht.				
Du hast den Text **gut lesbar** in einer **schönen Handschrift** aufgeschrieben.				
Du hast die **Lernwörter** richtig geschrieben.				
Du hast alle **Satzanfänge großgeschrieben.**				
Du hast nach jedem Satz das passende **Satzzeichen** gesetzt.				

Bemerkung:

BVK DE70 · Sonja Schneider / Katja Zigan: Aufsatzprofi – Texte planen, schreiben und bewerten Bd. 2

Bewertung des eigenen Märchens von: ____________________

(nach der Überarbeitung)

Inhalt

Du hast eine **Überschrift** gefunden, die zu deinem Märchen passt und den Leser **neugierig** macht.				
Du hast die **typischen Märchenmerkmale** beachtet. (z. B.: Es war einmal …, gute und böse Hauptpersonen, sprechende Tiere, magische Kräfte, typischer Endsatz, glückliches Ende …)				
Du hast dein Märchen **verständlich und spannend** aufgeschrieben.				
Du hast über **die Gefühle und die Gedanken** der Hauptpersonen berichtet.				
Du hast **wörtliche Rede** verwendet.				

Sprache

Du hast in der **Vergangenheitsform** (Präteritum) berichtet.				
Du hast klar **verständliche Sätze** geschrieben.				
Du hast **abwechslungsreiche Satzanfänge** benutzt.				
Du hast **treffende und märchenhafte Wörter** verwendet.				

Form / Rechtschreibung

Du hast die **Regeln** für ein Märchen beachtet.				
Du hast **keine Rechtschreibfehler** gemacht.				
Du hast den Text **gut lesbar** in einer **schönen Handschrift** aufgeschrieben.				
Du hast die **Lernwörter** richtig geschrieben.				
Du hast alle **Satzanfänge großgeschrieben.**				
Du hast nach jedem Satz das passende **Satzzeichen** gesetzt.				

Überarbeitung

Du hast die **Tipps** gut genutzt.				

Tipps für deinen nächsten Text:

Note Text: ____________________

Du hast __________ Wörter von __________ Wörtern richtig geschrieben.

Note Rechtschreibung: ____________________ Datum, Unterschrift: ____________________

Unterschrift der Eltern: ____________________

BVK DE70 · Sonja Schneider / Katja Zigan: Aufsatzprofi – Texte planen, schreiben und bewerten Bd. 2

So schreibe ich eine Gruselgeschichte (Fantasieerzählung)

Ideen und Impulse

Ablauf der Reihe:

1. Als Einstieg bietet es sich an, eine gestaltete Mitte vorzubereiten. Dazu werden auf einem Tuch (schwarz) Gegenstände (z. B. Plastikspinne, Fledermaus, Gespenst etc.) und Bilder ausgebreitet, die die Vorerfahrungen und die Fantasie der Kinder anregen. Die Kinder äußern sich spontan.
2. Von den Schüleräußerungen ausgehend wird gemeinsam eine Wörterliste erstellt, die während der Unterrichtsreihe sichtbar im Klassenraum hängt.
   Dabei werden die Wörter nach Wortarten getrennt notiert.
   Möglichkeit 1: Die Wörter werden einzeln auf Papierstreifen geschrieben. Die Zuordnung zu den jeweiligen Wortarten können die Kinder so selbst an der Tafel vornehmen und diese Übung kann während der Unterrichtsreihe je nach Bedarf wiederholt werden. Selbstverständlich können auch weitere Wörter immer wieder ergänzt werden.
   Möglichkeit 2: Die Wörter werden auf drei Plakaten (Nomen, Verben, Adjektive) gesammelt und stehen den Kindern als Wörterspeicher zur Verfügung.
   Möglichkeit 3: Die Kinder arbeiten in Kleingruppen an einer „Placemat" (Methode des kooperativen Lernens, s. S. 21):
   Eine Gruppe mit vier Kindern findet sich. Jedes Kind erhält ein äußeres Feld. In Einzelarbeit schreiben die Kinder auf, welche Gruselwörter sie kennen.
   In einer Gruppenarbeit schreiben die Kinder nun in das mittlere Feld alle Wörter, die sie gleich haben, auf. Sie tauschen sich darüber aus.
   Schließlich stellen die Kinder ihre gemeinsamen Ergebnisse vor. Während der Präsentation können die Wörter gemeinsam nach Wortarten geordnet werden.
3. Vor dem Schreiben eigener Gruselgeschichten sollte ein Unterrichtsgespräch über den Aufbau einer Geschichte erfolgen. Dieser „Leitfaden" steht den Kindern als Klassenplakat oder als Kopie zur Verfügung (s. S. 36).
4. Um die Kreativität der Kinder anzuregen und zu fördern, ist es sinnvoll, mehrere Möglichkeiten der Ideenfindung für die eigene Geschichte anzubieten (Wörtersammlung, Sätze, Geschichtenanfänge, Bilder). Diese Anregungen werden auf einem Ideentisch präsentiert. Durch die Vielfalt erfolgt sowohl eine quantitative als auch eine qualitative Differenzierung (ab S. 37).

Ergänzende Vorschläge:

- Die Themen „wörtliche Rede" und Zeitformen (Gegenwart, Vergangenheit) sollten im Zusammenhang dieser Unterrichtsreihe wiederholt werden.
- Die Kinder stellen ihre Geschichten anderen Klassen oder den Eltern vor.
- Es kann ein Gruselnachmittag veranstaltet werden (mit Gruselgeschichten erzählen, lesen, Gruselplätzchen backen etc.).
- Die Kinder malen zu ihrer Geschichte passende Bilder und erzählen mit Hilfe dieser Bilder ihre Geschichte in einem Kamishibai (japanisches Erzähltheater).
- Die Kinder schreiben mit Hilfe der Wortlisten Gruselelfchen.

Name: ____________________ Datum: ____________

Lernwörter zu einer Gruselgeschichte

Nomen	**Verben**	**Adjektive**	**sonstige Wörter**
das Gespenst	sich gruseln	gruselig	nachts
das Spukschloss	sich fürchten	unheimlich	sehr
der Blitz	zittern	stockdunkel	plötzlich
das Ungeheuer	schleichen	finster	
die Angst	verstecken	hässlich	
der Vampir	beißen	schrecklich	
die Ruine	träumen	entsetzlich	
das Geräusch		grell	

Übungen zu den Lernwörtern „Gruselgeschichte" (1)

Verbenprofi

Setze die Verben im Präteritum (einfache Vergangenheit) ein.

gruseln, zittern, schleichen, verstecken, fürchten, beißen, träumen

1. Tim und Lena ______________ in eine dunkle Ruine.
2. Vampire ______________ sich vor der Sonne.
3. Schnell ______________ sich das freundliche Gespenst hinter einer Tür.
4. Vor Angst ______________ Jonas' Beine.
5. Die Kinder ______________ wild, nachdem sie eine spannende Geschichte gehört haben.
6. Das Ungeheuer ______________ Leon fast ins Bein.
7. Die Kinder der Klasse 4b ______________ sich während der Nachtwanderung.

BVK DE70 · Sonja Schneider / Katja Zigan: Aufsatzprofi – Texte planen, schreiben und bewerten Bd. 2

Name: ______________________________ Datum: ______________

Übungen zu den Lernwörtern „Gruselgeschichte" (2)

Wörter ordnen

1. Unterstreiche alle Nomen (11) blau, Verben (7) gelb und Adjektive (6) grün.
2. Schreibe die Wörter zu den passenden Wortarten in die Tabelle.
3. Schreibe die Sätze in dein Heft.

- Plötzlich hörten die beiden Kinder ein unheimliches Geräusch.
- Im Spukschloss versteckten sich neun hässliche Gespenster.
- Auf einmal sahen die Vampire einen grellen Blitz und zitterten.
- Träumten alle Ungeheuer von schrecklichen Ruinen?
- Im Zimmer war es stockdunkel und Lisa bekam entsetzliche Angst.

Nomen	Verben	Adjektive

☆ Finde weitere Gruselwörter.
Tipp: Dein Wörterbuch kann dir dabei helfen.

BVK DE70 · Sonja Schneider / Katja Zigan: Aufsatzprofi – Texte planen, schreiben und bewerten Bd. 2

Name: ______________________ Datum: ______________

Leitfaden zum Schreiben einer Gruselgeschichte

Einleitung

Wer?
Welche Personen / Gruselwesen kommen in deiner Geschichte vor?
Wie sehen sie aus?
Beschreibe genau!

Wo?
Wie sieht dein Gruselort aus?
Beschreibe ihn genau!

Wann?
Wann spielt deine Geschichte?
Zu welcher Tageszeit?

Hauptteil

Was passiert?
Was erleben die Personen?
Was sehen sie?
Wie fühlen sie sich?
Wem begegnen sie?
Was sagen sie?

Warum?
Warum tun sie etwas?
Schreibe genau und in der richtigen Reihenfolge!

Höhepunkt

Was ist …
- gruselig?
- spannend?
- abenteuerlich?
- unheimlich?
- bedrohlich?

Schluss

Wie endet die Geschichte?
Schreibe eine Lösung.
Wie fühlen sich die Personen am Schluss?

BVK DE70 · Sonja Schneider / Katja Zigan: Aufsatzprofi – Texte planen, schreiben und bewerten Bd. 2

Name: ________________________ Datum: ______________

Ideentisch (1)

Wortebene

nachts	ängstlich	gruseln	der Dachboden
der Geist	erschrecken	sich fürchten	die Treppe
der Traum	weglaufen	schreien	die Tür
der Friedhof	zittern	der Schrei	die Kammer
die Hexe	aufwachen	die Hilferufe	die Katze
der Mondschein	schleichen	der / die Knochen	das Gespenst
die Dämmerung	die Angst	der Vampir	die Kette
Mitternacht	verstecken	das / die Monster	die Spinne
das Spukschloss	der Turm	fürchterlich	die Ruine
rasseln	der unterirdische Gang	klappern	einsam
heulen	der Zauberspruch	quietschen	verfolgen
weinen	der verrostete Schlüssel	der Keller	der Wald
finster	jagen	die Geräusche	dunkel

BVK DE70 · Sonja Schneider / Katja Zigan: Aufsatzprofi – Texte planen, schreiben und bewerten Bd. 2

Name: ______________________ Datum: ______________

Ideentisch (2)

Satzebene

Plötzlich hörte ich ein unheimliches Geräusch.

In der Dämmerung sah ich zwei leuchtende Augen.

Draußen im Wald war es stockfinster und eiskalt.

Auf einmal rief eine gruselige Stimme meinen Namen.

Mama schickte mich in den Keller.

Hinter dem Vorhang bewegte sich ein unheimlicher Schatten.

Eine riesige Spinne lief über meinen Arm.

In der Ferne hörte ich einen lauten Schrei.

Von weitem hörte ich Schritte auf mich zukommen und Äste knacken.

Die Turmuhr schlug zwölf Mal, die Geisterstunde begann.

Ein unheimlicher Schatten huschte am Fenster vorbei.

Durch die Nebelschwaden sah ich ein seltsames Licht.

In der Finsternis konnte ich meine eigene Hand nicht vor Augen sehen.

Ich lag im Bett, als es drei Mal an mein Fenster klopfte.

Grelle Blitze zuckten am Himmel und erhellten den Friedhof.

Textebene

Ich war allein zu Hause und las ein Buch. Plötzlich hörte ich ein unheimliches Geräusch. Ich stieg langsam aus meinem Bett und schlich zur Tür. Leise öffnete ich sie einen Spalt und spähte in den dunklen Flur. Dort sah ich …

Letzte Woche ging ich abends mit meinem Hund Flocki spazieren. Ich kam an einem Waldstück vorbei. Flocki zog mich in den Wald hinein. Ich rief: „Flocki, bleib stehen!“, aber Flocki lief weiter. Plötzlich kamen in der Dämmerung zwei leuchtende Augen auf mich zu …

Lisa und Tom hatten sich beim Spielen im Wald verlaufen. Es wurde bereits dunkel. Lisa klammerte sich ängstlich an Tom und flüsterte: „Ich habe Angst. Wir müssen nach Hause finden.“ Tom antwortete: „Mach dir keine Sorgen. Wir finden schon wieder zurück.“ Plötzlich hörten sie neben sich ein lautes Knacken und drehten sich erschrocken um. Da sahen sie …

BVK DE70 · Sonja Schneider / Katja Zigan: Aufsatzprofi – Texte planen, schreiben und bewerten Bd. 2

Name: ______________________ Datum: ______________

Ideentisch (3)

Paula und ihre Freundin Luisa wollten ein neues Buch kaufen. Sie betraten einen kleinen Bücherladen. Ein alter Mann mit langem, weißen Bart stand hinter der Kasse. „Guten Abend, meine lieben Kinder!", krächzte er. „Wie kann ich euch helfen?" Luisa stotterte: „Wir suchen ein Buch über Vampire." Der Mann führte sie in ein kleines Zimmer. „Hier habe ich ganz besonders gruselige Vampirbücher. Schaut euch in Ruhe um." Mit diesen Worten verließ er den Raum, die Tür fiel ins Schloss und die beiden Mädchen waren allein. Sie sahen sich ängstlich um. Plötzlich hauchte Paula: „Hast du das gesehen?" Hinter dem Vorhang bewegte sich ein unheimlicher Schatten …

Paul und Leon lagen im Zelt. Sie hatten es am Nachmittag im Garten aufgebaut und wollten darin übernachten. Sie erzählten sich gerade spannende Gruselgeschichten, als Leon plötzlich schrie: „Was war das?" Etwas lief ihm über den Arm …

Als ich einmal allein zu Hause war, hörte ich ein unheimliches Geräusch auf dem Dachboden. Mein Bruder schlief neben mir. Ich weckte ihn und als ich gerade erzählen wollte, was los war, hörten wir das Geräusch näherkommen. Wir versteckten uns unter der Bettdecke, da öffnete sich die Tür …

Die Klasse 3a machte eine Klassenfahrt auf Burg Schreckenstein. Als die Turmuhr zwölf Mal schlug, weckte uns unsere Lehrerin Frau Klein zur Nachtwanderung. Zu zweit liefen wir den Waldweg entlang. Uns war ganz mulmig zumute. Da sahen wir plötzlich in der Ferne ein seltsames Licht. Es kam auf uns zu …

Bildebene

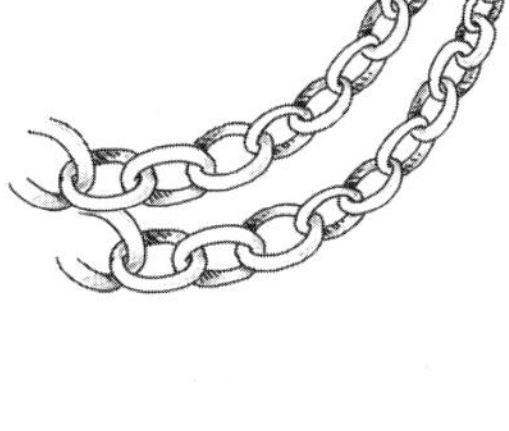

BVK DE70 · Sonja Schneider / Katja Zigan: Aufsatzprofi – Texte planen, schreiben und bewerten Bd. 2

Name: ______________________________ Datum: ________________

Regeln für deine Gruselgeschichte

Achte darauf:

- Suche dir eine Idee für deine Geschichte vom Ideentisch.
  Wenn du magst, mache dir Stichpunkte.
- Gib den Personen **Namen.**
- Finde eine passende **Überschrift.**
  Eine Überschrift ist kurz, verrät nicht zu viel und macht neugierig.
- Teile deine Geschichte in drei Teile:
  - **Einleitung:** Wer? Wo? Was?
  - **Hauptteil:** Was passiert? Höhepunkt!
  - **Schluss:** Wie endet die Geschichte? Wie geht es weiter?
- Schreibe deine Geschichte aus Sicht der Hauptperson oder in der Ich-Form.
  - Schreibe in der **Vergangenheitsform (Präteritum).**
  - Schreibe so, dass der Leser deine Geschichte versteht.
- Benutze **gruselige Merkmale!**
- Benutze **wörtliche Rede!** (Schreibe, was die Personen sagen, denken und fühlen.)
- Achte auf die Schreibtipps.

Checkliste „Gruselgeschichte"

Kontrollfragen:	ja	teilweise	nein
Passt deine **Überschrift** zu der Geschichte und macht neugierig?			
Hast du deine Geschichte **genau und vollständig** erzählt?			
Hat deine Geschichte eine **Einleitung,** einen **Hauptteil** und einen **Schluss?**			
Hat deine Geschichte einen **Höhepunkt?** Passiert etwas Besonderes?			
Hast du deine Geschichte aus **Sicht der Hauptperson** oder in der **Ich-Form** geschrieben?			
Hast du den Personen **Namen** gegeben?			
Versteht man deine Geschichte?			
Hast du **gruselige Merkmale** verwendet?			
Hast du **wörtliche Rede** benutzt?			
Weiß der Leser, was die Personen **denken und fühlen?**			
Hast du die Schreibtipps beachtet?			

BVK DE70 · Sonja Schneider / Katja Zigan: Aufsatzprofi – Texte planen, schreiben und bewerten Bd. 2

Bewertung der Gruselgeschichte von: ______________________

(vor der Überarbeitung)

Inhalt

Du hast eine **Überschrift** gefunden, die zu deiner Geschichte passt und den Leser **neugierig** macht.				
Du hast die Geschichte aus der Sicht der **Hauptperson** (oder in der Ich-Form) geschrieben und eingehalten.				
Du hast deine **Hauptpersonen genauer vorgestellt** und ihnen **Namen** gegeben.				
Du hast den **Ort** beschrieben.				
Du hast erwähnt, **wann** deine Geschichte spielt.				
Du hast die Geschichte **verständlich und spannend** aufgeschrieben.				
Du hast einen **Schluss** geschrieben.				
Du hast über die **Gefühle und die Gedanken** der Hauptpersonen berichtet.				
Du hast **gruselige Merkmale** benutzt.				
Du hast **wörtliche Rede** verwendet.				

Sprache

Du hast klar **verständliche Sätze** geschrieben.				
Du hast in der **Vergangenheitsform (Präteritum)** geschrieben.				
Du hast **abwechslungsreiche Satzanfänge** benutzt.				
Du hast **treffende Wörter** verwendet.				

Form / Rechtschreibung

Du hast **keine Rechtschreibfehler** gemacht.				
Du hast den Text **gut lesbar** in einer **schönen Handschrift** aufgeschrieben.				
Du hast die **Lernwörter** richtig geschrieben.				
Du hast die **Satzanfänge großgeschrieben.**				
Du hast nach jedem Satz das passende **Satzzeichen** gesetzt.				

Bemerkung:

BVK DE70 · Sonja Schneider / Katja Zigan: Aufsatzprofi – Texte planen, schreiben und bewerten Bd. 2

Bewertung der Gruselgeschichte von: ____________________

(nach der Überarbeitung)

Inhalt

Du hast eine **Überschrift** gefunden, die zu deiner Geschichte passt und den Leser **neugierig** macht.				
Du hast die Geschichte aus der Sicht der **Hauptperson** (oder in der Ich-Form) geschrieben und eingehalten.				
Du hast deine **Hauptpersonen genauer vorgestellt** und ihnen **Namen** gegeben.				
Du hast den **Ort** beschrieben.				
Du hast erwähnt, **wann** deine Geschichte spielt.				
Du hast die Geschichte **verständlich und spannend** aufgeschrieben.				
Du hast einen **Schluss** geschrieben.				
Du hast über die **Gefühle und die Gedanken** der Hauptpersonen berichtet.				
Du hast **gruselige Merkmale** benutzt.				
Du hast **wörtliche Rede** verwendet.				

Sprache

Du hast klar **verständliche Sätze** geschrieben.				
Du hast in der **Vergangenheitsform (Präteritum)** geschrieben.				
Du hast **abwechslungsreiche Satzanfänge** benutzt.				
Du hast **treffende Wörter** verwendet.				

Form / Rechtschreibung

Du hast **keine Rechtschreibfehler** gemacht.				
Du hast den Text **gut lesbar** in einer **schönen Handschrift** aufgeschrieben.				
Du hast die **Lernwörter** richtig geschrieben.				
Du hast die **Satzanfänge großgeschrieben.**				
Du hast nach jedem Satz das passende **Satzzeichen** gesetzt.				

Überarbeitung

Du hast die **Tipps** gut genutzt.				

Tipps für deinen nächsten Text:

Note Text: ____________________

Du hast __________ Wörter von __________ Wörtern richtig geschrieben.

Note Rechtschreibung: __________ Datum, Unterschrift: ____________________

Unterschrift der Eltern: ____________________

BVK DE70 · Sonja Schneider / Katja Zigan: Aufsatzprofi – Texte planen, schreiben und bewerten Bd. 2

So schreibe ich eine Bildergeschichte

Ideen und Impulse

Ablauf der Reihe:

1. Als Einstieg bietet es sich an, die Bilder der ersten Bildergeschichte (s. S. 47) gemeinsam zu betrachten. Die Kinder äußern sich mündlich.
   Dabei ist es wichtig, dass die Kinder nicht nur deskriptiv (beschreibend) wiedergeben, was sie sehen, sondern vielmehr narrativ (erzählend) eine Geschichte zu den Bildern schildern.
   Anschließend werden die einzelnen Textabschnitte den Bildern zugeordnet.
   Als Differenzierung kann die Abschrift der Bildergeschichte ins Heft erfolgen.

2. Als Nächstes bietet es sich an, die Bilder der zweiten Bildergeschichte (s. S. 48) in verkehrter Reihenfolge an der Tafel oder auf dem Overheadprojektor zu präsentieren. Die Kinder finden die richtige Reihenfolge und sammeln Stichpunkte zu einer Geschichte. Mit Hilfe dieser Bildergeschichte können die Schreibregeln thematisiert und aufgehängt werden (s. Regeln S. 50).
   Als Übung schreibt anschließend jedes Kind anhand der Bilder und der Stichpunkte eine eigene Geschichte. Mit Hilfe der Checkliste kann eine Schreibkonferenz erfolgen.

3. Die dritte Bildergeschichte (s. S. 49) dient als Klassenarbeit. Als Differenzierung können vorab Schlüsselwörter für die Geschichte gesammelt werden.

Ergänzende Vorschläge:

- Sollte das Thema „wörtliche Rede" noch nicht im Unterricht behandelt worden sein, bietet es sich an, dies im Rahmen dieser Reihe zu thematisieren.
- Zusätzlich kann das Schreiben von Bildergeschichten mit offenem Ende eingeübt werden. Dazu wird jeweils das letzte Bild einer Geschichte weggelassen und stattdessen ein leeres Bildfeld angehängt, in das die Kinder ihr eigenes Geschichtenende hineinmalen können.

BVK DE70 · Sonja Schneider / Katja Zigan: Aufsatzprofi – Texte planen, schreiben und bewerten Bd. 2

Name: ____________________ Datum: ____________________

Lernwörter zu einer Bildergeschichte

Nomen	**Verben**	**Adjektive**	**sonstige Wörter**
der Junge	sich erschrecken	verwundert	zum Schluss
das Mädchen	fahren	schnell	zum Glück
die Mutter	feiern	riesig	plötzlich
der Vater	rodeln		auf einmal
der Hund	bauen		wieder
der Spaß			

Übungen zu den Lernwörtern „Bildergeschichte“ (1)

Schüttelwörter

Schreibe die Wörter richtig auf.

- neJgu ____________________
- kücGl ____________________
- ckreschrnee ____________________
- reVat ____________________
- isiger ____________________
- ändeMch ____________________
- rettuM ____________________
- ßpaS ____________________
- redwei ____________________
- nduH ____________________
- nschlel ____________________
- chölzptil ____________________
- tervunrewd ____________________

BVK DE70 · Sonja Schneider / Katja Zigan: Aufsatzprofi – Texte planen, schreiben und bewerten Bd. 2

Name: ______________________ Datum: ______________

Übungen zu den Lernwörtern „Bildergeschichte“ (2)

Einzahl / Mehrzahl

Unterstreiche die Nomen (14) im Text blau.
Schreibe alle Nomen in der Einzahl (Singular) und der Mehrzahl (Plural) in die Tabelle.
Tipp: Das Wörterbuch kann dir helfen.

An einem sonnigen Tag feiert die Familie ein Fest. Der Vater baut die Stühle auf und die Mutter deckt den Tisch. Dann kommen die Gäste und alle haben viel Spaß. Plötzlich fängt es an zu regnen und zu donnern. Die Kinder erschrecken sich und alle rennen schnell ins Haus. Nur einer fehlt: Der kleine Hund sitzt noch draußen unter dem Baum und verspeist genüsslich die Würstchen.

Einzahl (Singular)	Mehrzahl (Plural)

☆ Finde weitere Wörter in der Einzahl und Mehrzahl und schreibe sie in dein Heft.
Tipp: Das Wörterbuch kann dir helfen.

BVK DE70 · Sonja Schneider / Katja Zigan: Aufsatzprofi – Texte planen, schreiben unc bewerten Bd. 2

Name: ____________________ Datum: ____________

Übungen zu den Lernwörtern „Bildergeschichte" (3)

Suchsel

Finde die versteckten Wörter! Markiere sie mit einem Buntstift und schreibe sie in die richtige Spalte der Tabelle! **Achtung:** Ä = AE, Ü = UE, ß = SS

V	E	R	W	U	N	D	E	R	T	X	P	G	H	R
A	U	S	P	A	S	S	Z	J	S	H	G	F	U	S
T	G	D	R	H	G	J	K	W	J	U	N	G	E	C
E	R	S	C	H	R	E	C	K	E	N	X	L	Q	H
R	I	E	S	I	G	Q	F	M	N	D	I	U	J	L
Z	Q	F	X	D	M	N	P	M	U	T	T	E	R	U
S	C	H	N	E	L	L	V	T	W	R	X	C	B	S
Y	M	A	E	D	C	H	E	N	Z	I	L	K	D	S

Junge – erschrecken – Spaß – Mädchen – verwundert – Glück – Mutter – Hund – riesig – Vater – schnell – Schluss

Nomen	Verben	Adjektive

BVK DE70 · Sonja Schneider / Katja Zigan: Aufsatzprofi – Texte planen, schreiben und bewerten Bd. 2

Name: ______________________ Datum: ______________

Bildergeschichten (1)

Schaue dir die Bilder an und lies die Sätze gründlich. Schneide die Bilder und die Sätze aus und klebe sie in der richtigen Reihenfolge nebeneinander.

Die Mutter sagt zu Jule: „Komm, du musst die Torte anschneiden."
Sofort geht Jule zum Tisch, doch plötzlich rennt auch Hund Rudi los.
Jule stolpert und landet mit dem Gesicht mitten in der schönen Torte.
„Oh nein!", rufen die Gäste erschrocken.

Endlich ist es soweit. Jule feiert ihren 10. Geburtstag.
Alle Freunde sind gekommen und haben viel Spaß.

Ein unvergesslicher Geburtstag

Jule fängt laut an zu lachen und leckt sich die Torte aus dem Gesicht.
Sie sagt: „Die ist aber lecker."
Die anderen Kinder sind sofort dabei und helfen Jule beim Essen.
Alle Kinder sind sich einig: „Das war ein unvergesslicher Geburtstag!"

Nach dem Spielen kommt die Mutter mit einer riesigen Geburtstagstorte ins Wohnzimmer.
Tim ruft begeistert: „So eine tolle Torte habe ich noch nie gesehen!"
Auch Jule freut sich sehr.

BVK DE70 · Sonja Schneider / Katja Zigan: Aufsatzprofi – Texte planen, schreiben und bewerten Bd. 2

Name: ______________________ Datum: ______________

Bildergeschichten (2)

____

BVK DE70 · Sonja Schneider/ Katja Zigan: Aufsatzprofi – Texte planen, schreiben und bewerten Bd. 2

Name: ____________________ Datum: ____________

Bildergeschichten (3)

BVK DE70 · Sonja Schneider / Katja Zigan: Aufsatzprofi – Texte planen, schreiben und bewerten Bd. 2

Name: ______________________ Datum: ______________

Regeln für deine Bildergeschichte

Achte darauf:

- Schaue dir alle **Bilder** in Ruhe an und mache dir **Stichpunkte.**
- Gib den Menschen und Tieren **Namen.**
- Finde eine passende **Überschrift.**
  Eine Überschrift ist kurz, verrät nicht zu viel und macht neugierig.
- Teile deine Geschichte in 3 Teile:
  - **Einleitung:** Wer? Wo? Was?
  - **Hauptteil:** Was passiert? Höhepunkt!
  - **Schluss:** Wie endet die Geschichte? Wie geht es weiter?
- Schreibe im **Präsens (Gegenwart).**
- Schreibe so, dass der Leser deine Geschichte auch ohne die Bilder versteht.
- Benutze **wörtliche Rede!** (Schreibe, was die Personen und Tiere sagen, denken und fühlen.)
- Achte auf die Schreibtipps.

Checkliste „Bildergeschichte"

Kontrollfragen:	ja	teilweise	nein
Passt deine **Überschrift** zu der Geschichte und macht neugierig?			
Hast du die Bildergeschichte **genau und vollständig** erzählt?			
Hat deine Geschichte eine **Einleitung,** einen **Hauptteil** und einen **Schluss?**			
Hast du den Personen und Tieren **Namen gegeben?**			
Versteht man deine Geschichte, auch ohne die Bilder zu sehen?			
Hast du **wörtliche Rede benutzt?**			
Weiß der Leser, was die Menschen / Tiere **denken und fühlen?**			
Hast du die Schreibtipps beachtet?			

BVK DE70 · Sonja Schneider / Katja Zigan: Aufsatzprofi – Texte planen, schreiben und bewerten Bd. 2

Bewertung der Bildergeschichte von: ______________________

(vor der Überarbeitung)

Inhalt

Deine **Überschrift** passt zu der Geschichte und **macht neugierig.**				
Deine Geschichte enthält **Einleitung, Hauptteil und Schluss.**				
Du hast die Bildergeschichte **vollständig und genau** erzählt.				
Du hast die **richtige Reihenfolge** eingehalten.				
Du hast die Geschichte **verständlich und interessant / spannend** aufgeschrieben.				
Du hast die **Gedanken und Gefühle** der Hauptpersonen einfließen lassen.				
Du hast den Menschen / Tieren **Namen** gegeben.				
Du hast **wörtliche Rede** benutzt.				

Sprache

Du hast klar **verständliche Sätze** geschrieben.				
Du hast in der **Gegenwart (Präsens)** berichtet.				
Du hast **abwechslungsreiche Satzanfänge** benutzt.				
Du hast **treffende Wörter** verwendet.				

Form / Rechtschreibung

Du hast die **Regeln** für die Bildergeschichte beachtet.				
Du hast **keine Rechtschreibfehler** gemacht.				
Du hast den Text **gut lesbar** in einer **schönen Handschrift** aufgeschrieben.				
Du hast die **Lernwörter** richtig geschrieben.				
Du hast alle **Satzanfänge großgeschrieben.**				
Du hast nach jedem Satz das passende **Satzzeichen** gesetzt.				

Bemerkung:

BVK DE70 · Sonja Schneider / Katja Zigan: Aufsatzprofi – Texte planen, schreiben und bewerten Bd. 2

Bewertung der Bildergeschichte von: ____________________

(nach der Überarbeitung)

Inhalt

Deine **Überschrift** passt zu der Geschichte und **macht neugierig.**				
Deine Geschichte enthält **Einleitung, Hauptteil und Schluss.**				
Du hast die Bildergeschichte **vollständig und genau** erzählt.				
Du hast die **richtige Reihenfolge** eingehalten.				
Du hast die Geschichte **verständlich und interessant / spannend** aufgeschrieben.				
Du hast die **Gedanken und Gefühle** der Hauptpersonen einfließen lassen.				
Du hast den Menschen / Tieren **Namen** gegeben.				
Du hast **wörtliche Rede** benutzt.				

Sprache

Du hast klar **verständliche Sätze** geschrieben.				
Du hast in der **Gegenwart (Präsens)** berichtet.				
Du hast **abwechslungsreiche Satzanfänge** benutzt.				
Du hast **treffende Wörter** verwendet.				

Form / Rechtschreibung

Du hast die **Regeln** für die Bildergeschichte beachtet.				
Du hast **keine Rechtschreibfehler** gemacht.				
Du hast den Text **gut lesbar** in einer **schönen Handschrift** aufgeschrieben.				
Du hast die **Lernwörter** richtig geschrieben.				
Du hast alle **Satzanfänge großgeschrieben.**				
Du hast nach jedem Satz das passende **Satzzeichen** gesetzt.				

Überarbeitung

Du hast die **Tipps** gut genutzt.				

Tipps für deinen nächsten Text:

Note Text: ____________________

Du hast ____________ Wörter von ____________ Wörtern richtig geschrieben.

Note Rechtschreibung: ____________________ Datum, Unterschrift: ____________________

Unterschrift der Eltern: ____________________

BVK DE70 · Sonja Schneider / Katja Zigan: Aufsatzprofi – Texte planen, schreiben und bewerten Bd. 2

So schreibe ich einen Brief

Ideen und Impulse

Ablauf der Reihe:

1. Zu Beginn der Reihe werden Erfahrungen der Kinder im Umgang mit Briefen / mit der Post gesammelt. Außerdem können die Kinder Briefe, Briefmarken, Briefumschläge, Briefpapier etc. mitbringen; diese Dinge werden auf einem Thementisch ausgestellt.
2. Anhand des Musterbriefumschlages (s. S. 56) wird thematisiert, wie ein Briefumschlag maschinenlesbar beschriftet werden muss. Auf der Blankovorlage üben die Kinder die korrekte und vollständige Beschriftung.
3. Mit Hilfe des Arbeitsblattes „Der persönliche Brief" (s. S. 57) wird der Aufbau eines Briefes besprochen. Mitgebrachte Briefe können auf diese Struktur hin untersucht werden.
4. Zum Einüben und zur Festigung dient das Arbeitsblatt „Briefteile richtig zuordnen" (s. S. 58). Zusätzlich kann der Beispielbrief ins Heft abgeschrieben werden.
5. Anfertigen eines Brieflotsen (s. S. 59 / 60)
   Da das Thema „Brief" häufiger im Unterricht und im Alltag der Kinder vorkommt, bietet es sich an, den Brieflotsen für jedes Kind zu erstellen, damit er immer wieder griffbereit ist und Hilfestellung bietet.
   - Die einzelnen Lotsenseiten für jedes Kind kopieren, nach Belieben auf farbiges Kopierpapier.
   - An den vorgesehenen Linien auseinanderschneiden.
   - Eventuell laminieren.
   - Die einzelnen Seiten an der oberen linken Ecke lochen und mit einer Musterklammer zusammenheften.
   - Es bietet sich zur Demonstration an, einen Brieflotsen hochzukopieren.
6. Zur Übung schreiben die Kinder mit Hilfe der Blanko-Vorlage (s. S. 61) einen eigenen Brief. Mögliche Themen zum Schreiben eines Briefes und für die Klassenarbeit:
   - Schreibe einen Brief über dich selbst.
   - Vorgangsbeschreibung in einem Brief (z. B. Bastelanleitung, Eier färben, Rezept)
   - Brief an eine Patenklasse (gleiche Schule, andere Stadt, anderes Land)
   - Brief an eine frühere Lehrerin
   - Brief an ein erkranktes Kind / eine erkrankte Lehrerin
   - Einladung (z. B. für die Abschlussfeier, Weihnachtsfeier, Theateraufführung)
   - Brief an das Klassentier
   - Brief an einen Autor / eine Autorin (z. B. Knister)

Ergänzende Vorschläge:

- Die Kinder überarbeiten ihre eigenen Briefe in einer Schreibkonferenz.
- Als langfristiges Projekt wird eine Brieffreundschaft mit einer Patenklasse geknüpft.
- Darüber hinaus bietet es sich an, die Pronomen mit dem Schwerpunkt duzen und siezen zu thematisieren.

BVK DE70 · Sonja Schneider / Katja Zigan: Aufsatzprofi – Texte planen, schreiben und bewerten Bd. 2

Name: ____________________ Datum: ____________

Lernwörter zu einem Brief

Nomen	**Verben**	**Adjektive**	**sonstige Wörter**
der Brief	antworten	herzlich	liebe, lieber
der Briefumschlag	schicken		von
die Briefmarke	schreiben		
die Adresse	freuen		
der Absender			
das Briefpapier			
der Gruß			
die Post			

Übungen zu den Lernwörtern „Brief" (1)

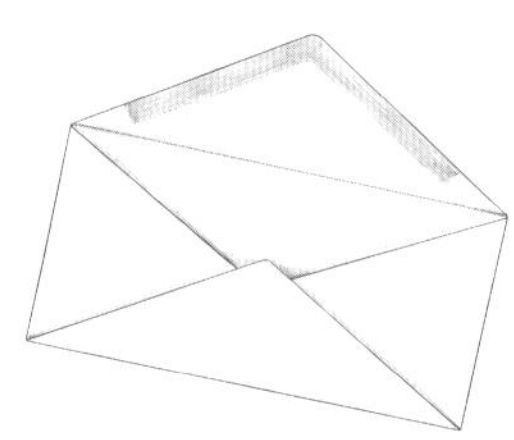

Silbenexplosion

Schreibe die Wörter richtig auf.

um | Brief | Ab | en | be | herz | schlag

ben | wor | freu | ke | lie | sen

lich | Brief | ant | schrei | der | mar | ten

____________________ ____________________

____________________ ____________________

____________________ ____________________

____________________ ____________________

BVK DE70 · Sonja Schneider / Katja Zigan: Aufsatzprofi – Texte planen, schreiben und bewerten Bd. 2

Name: ______________________________ Datum: ______________

Übungen zu den Lernwörtern „Brief" (2)

Lückentext

Schreibe die Wörter in die passende Lücke. Achte auf die richtige Schreibweise!

Briefumschlag – freut – Adresse – Brief – Post – schreibt – antworten – Briefmarke – von – Briefpapier

Lena hat einen ________________ von ihrer Oma bekommen. Sie möchte schnell ________________ . Von ihrer Mutter erhält sie ________________ und einen ________________ . Zuerst ________________ sie die ________________ auf den Umschlag. Danach berichtet sie ________________ ihren Erlebnissen. Zum Schluss bringt sie den Brief zur ________________ und kauft dort eine ________________ . Sie ________________ sich schon auf Omas Antwort.

Nomen und Verben

Unterstreiche die Nomen (11) im Text blau und die Verben (8) rot. Schreibe die Nomen und die Verben in die richtige Spalte.

Lena hat eine neue Brieffreundin. Sie schreibt ihr jede Woche. Von Papa bekommt sie Briefpapier und Briefumschläge. Mama kauft ihr die Briefmarken. Jeden Tag läuft Lena zum Briefkasten. Sie freut sich sehr, wenn ein Brief für sie dabei ist. Sofort antwortet sie.

Nomen	Verben

BVK DE70 · Sonja Schneider / Katja Zigan: Aufsatzprofi – Texte planen, schreiben und bewerten Bd. 2

Name: ________________________ Datum: ______________

Beschriftung des Briefumschlags

Abs.:
Lena Musterkind
Musterstraße 28
41812 Musterstadt

Frau
Anne Musterfrau
Musterweg 11
49283 Musterdorf

BVK DE70 · Sonja Schneider / Katja Zigan: Aufsatzprofi – Texte planen, schreiben und bewerten Bd. 2

Name: ______________________ Datum: ______________

Der persönliche Brief

Die Briefteile

Ein Brief hat eine bestimmte Form, die eingehalten werden muss.

Ort und Datum (2 Zeilen frei lassen)	Ort, Datum (Tag, Monat, Jahr)
Anrede (1 Zeile frei lassen)	Liebe(r) ………… ,
Brieftext	Brieftext Brieftext Brieftext Brieftext Brieftext Brieftext Brieftext Brieftext Brieftext Brieftext Brieftext Brieftext Brieftext Brieftext Brieftext Brieftext Brieftext Brieftext Brieftext Brieftext
Schlusssatz (1 Zeile frei lassen)	Schlusssatz Schlusssatz Schlusssatz
Grußformel	Herzliche Grüße
Unterschrift (von Hand) (dafür 3 Zeilen frei lassen)	Dein Name
PS	PS: Text Text Text Text Text Text Text Text

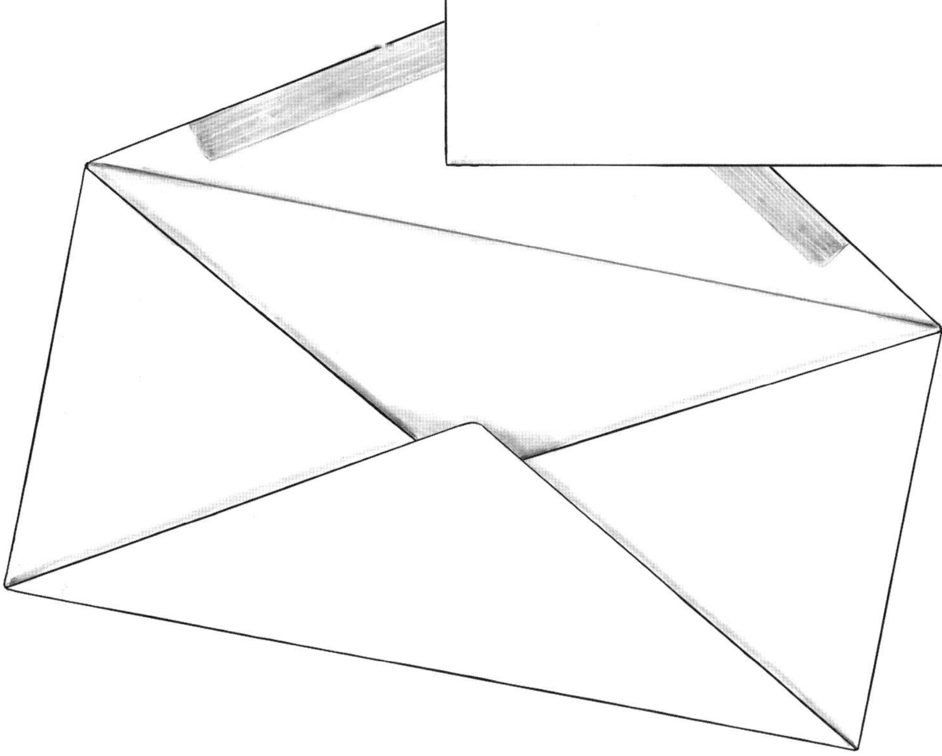

BVK DE70 · Sonja Schneider / Katja Zigan: Aufsatzprofi – Texte planen, schreiben und bewerten Bd. 2

Name: ____________________ Datum: ____________

Briefteile richtig zuordnen

Ordne die passenden Briefteile zu. Du kannst die Wörter aus diesen Silben bilden:

An – Brief – Da – de – for – Gruß – mel – Ort – PS – re – satz – Schluss – schrift – ter – text – tum – Un – und

Köln, 01.08.2017 ← [ ]

Liebe Lara, ← [ ]

vielen Dank für deinen Brief. Ich habe mich sehr darüber gefreut! Dein Briefpapier mit den Katzen finde ich sehr schön. ← [ ]
Wir haben letzte Woche Urlaub auf einem Ponyhof gemacht. Das war super! Ich durfte jeden Tag reiten und die Pferde füttern. Magst du Pferde eigentlich auch so gerne wie ich?

In deinem Brief hast du mich gefragt, was ich gerne in meiner Freizeit mache. Am liebsten male ich oder fahre mit dem Fahrrad.
Vielleicht hast du ja Lust, mit mir eine Fahrradtour zu machen?
Fährst du eigentlich in den Herbstferien weg?

Ich bin schon sehr gespannt auf deinen Brief. Antworte bitte schnell! ← [ ]

Herzliche Grüße ← [ ]

Marie ← [ ]

PS: Grüße bitte deine Eltern und deinen Bruder von mir. ← [ ]

BVK DE70 · Sonja Schneider / Katja Zigan: Aufsatzprofi – Texte planen, schreiben und bewerten Bd. 2

Name: ______________________________ Datum: ________________

Der Brieflotse (1)

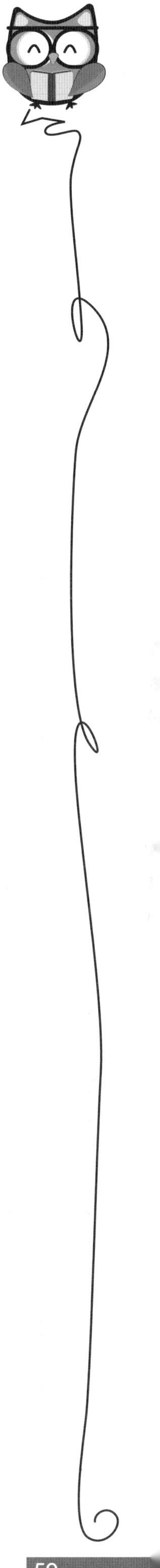

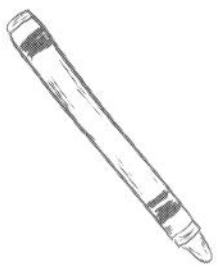

Mein Brieflotse von:

____

1

Ort und Datum

Schreibe Ort und Datum in die erste Zeile in die rechte obere Ecke.
Setze immer ein Komma zwischen Ort und Datum.

Beispiel: München, 24.10.2017

2

Anrede

Setze nach der Anrede ein Komma und schreibe in der nächsten Zeile weiter. Nach dem Komma schreibst du klein!
Wenn du den Empfänger …

… duzt:	… siezt:
Lieber Tim,	Lieber Herr Meier,
Hallo Mohammed,	Sehr geehrte Frau Huber,
Hey Anna,	Sehr geehrter Herr Demir,

3

Brieftext

Daran solltest du denken:

- Wenn du zuvor einen Brief bekommen hast, beziehst du dich zuerst auf den erhaltenen Brief und bedankst dich dafür.
- Gehe dann darauf ein, was dein Brieffreund geschrieben hat.
- Beantworte seine / ihre Fragen.
- Schreibe über dich, von deinen Erlebnissen und Plänen. Achte dabei auf die Reihenfolge, damit der Leser versteht, was du berichtest.
- Stelle ihm / ihr auch eigene Fragen.

4

BVK DE70 · Sonja Schneider / Katja Zigan: Aufsatzprofi – Texte planen, schreiben und bewerten Bd. 2

Name: ______________________ Datum: ______________

Der Brieflotse (2)

Schlusssatz

Der Schlusssatz ist oft in die Zukunft gerichtet. Du kannst um etwas bitten, dich für etwas bedanken oder dich auf etwas freuen.

Beispiel: Ich freue mich jetzt schon auf deinen Brief.
Bitte schreibe bald zurück.
Ich hoffe, du bist bald wieder gesund.

5

Grußformel

Es gibt unterschiedliche Grußformeln. Sie richten sich nach der Person, die den Brief erhält.
Nach der Grußformel schreibt man kein Satzzeichen.

Beispiel: Herzliche Grüße (von)
Liebe Grüße (von)
Alles Liebe (von)
Freundliche Grüße (von)
Viele Grüße (von)
Mit freundlichen Grüßen

6

Unterschrift

Schreibe deine Unterschrift immer von Hand, auch in Briefen, die du am Computer schreibst.

7

PS

PS bedeutet „Postskriptum". Du kannst es schreiben, wenn dir am Schluss noch etwas einfällt.

Beispiel: PS: Grüße bitte deine Eltern von mir.

8

BVK DE70 · Sonja Schneider / Katja Zigan: Aufsatzprofi – Texte planen, schreiben und bewerten Bd. 2

Name: ____________________ Datum: ____________________

Blanko-Arbeitsblatt zum Einüben der Briefstruktur

____

____________________,

____

____

____

____

____

____

____

____

____

____

____

____

PS: ____________________

BVK DE70 · Sonja Schneider / Katja Zigan: Aufsatzprofi – Texte planen, schreiben und bewerten Bd. 2

Name: ____________________ Datum: ____________

Regeln für deinen Brief

Achte darauf:
- Denke an alle **Briefteile.**
- Schreibe **höflich und persönlich.**
- Schreibe so **lebendig** wie möglich.
- Achte bei den Verben auf die richtige Zeit.
- Sprich manchmal den Empfänger direkt an.
- Achte auf die Schreibtipps.

Checkliste „Brief"

Kontrollfragen:

	ja	teilweise	nein
Hast du an die **Briefteile** gedacht?			
• Ort und Datum			
• Anrede			
• Brieftext			
• Schlusssatz			
• Grußformel			
• Unterschrift			
• PS			
Hast du bei den **Verben** die **richtige Zeit** benutzt?			
Hast du auf die Schreibtipps geachtet?			

BVK DE70 · Sonja Schneider / Katja Zigan: Aufsatzprofi – Texte planen, schreiben und bewerten Bd. 2

Bewertung des Briefes von: ____________________

(vor der Überarbeitung)

Inhalt

Dein Brief ist für den Leser **interessant.**				
Du hast einen **einleitenden Satz** geschrieben.				
Du bist **auf den Leser eingegangen.**				
Du hast die **Regeln** für die Briefform **beachtet** (Ort und Datum, Anrede, Textform, Schlusssatz, Gruß, Unterschrift).				
Du hast den **Briefumschlag an der richtigen Stelle beschriftet.**				

Sprache

Du hast klar **verständliche Sätze** geschrieben.				
Du hast in der **passenden Zeit** geschrieben.				
Du hast **abwechslungsreiche Satzanfänge** benutzt.				
Du hast **treffende Wörter** verwendet.				
Du hast in der **richtigen Reihenfolge** geschrieben.				

Form / Rechtschreibung

Du hast die **Regeln** für einen Brief beachtet.				
Du hast **keine Rechtschreibfehler** gemacht.				
Du hast den Text **gut lesbar** in einer **schönen Handschrift** aufgeschrieben.				
Du hast die **Lernwörter** richtig geschrieben.				
Du hast alle **Satzanfänge großgeschrieben.**				
Du hast nach jedem Satz das passende **Satzzeichen** gesetzt.				

Bemerkung:

BVK DE70 · Sonja Schneider / Katja Zigan: Aufsatzprofi – Texte planen, schreiben und bewerten Bd. 2

Bewertung des Briefes von: ____________________

(nach der Überarbeitung)

Inhalt

Dein Brief ist für den Leser **interessant.**				
Du hast einen **einleitenden Satz** geschrieben.				
Du bist **auf den Leser eingegangen.**				
Du hast die **Regeln** für die Briefform **beachtet** (Ort und Datum, Anrede, Textform, Schlusssatz, Gruß, Unterschrift).				
Du hast den **Briefumschlag an der richtigen Stelle beschriftet.**				

Sprache

Du hast klar **verständliche Sätze** geschrieben.				
Du hast in der **passenden Zeit** geschrieben.				
Du hast **abwechslungsreiche Satzanfänge** benutzt.				
Du hast **treffende Wörter** verwendet.				
Du hast in der **richtigen Reihenfolge** geschrieben.				

Form / Rechtschreibung

Du hast die **Regeln** für einen Brief beachtet.				
Du hast **keine Rechtschreibfehler** gemacht.				
Du hast den Text **gut lesbar** in einer **schönen Handschrift** aufgeschrieben.				
Du hast die **Lernwörter** richtig geschrieben.				
Du hast alle **Satzanfänge großgeschrieben.**				
Du hast nach jedem Satz das passende **Satzzeichen** gesetzt.				

Überarbeitung

Du hast die **Tipps** gut genutzt.				

Tipps für deinen nächsten Text:

Note Text: ____________________

Du hast __________ Wörter von __________ Wörtern richtig geschrieben.

Note Rechtschreibung: ____________________ Datum, Unterschrift: ____________________

Unterschrift der Eltern: ____________________

BVK DE70 · Sonja Schneider / Katja Zigan: Aufsatzprofi – Texte planen, schreiben und bewerten Bd. 2